나 아직은 여자이고 싶다

over a wall poetry

16

나 아직은 여자이고 싶다

김군자 시집

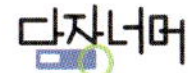

열심히 해서 대학은 꼭 들어가자는 다짐도 해본다

남은 시간 더욱 열심히 해서

고등학교 졸업은 물론

대학에 입학하는 꿈을 꿔봐야겠다

– 김군자 –

하지 못했던 말

그동안 학벌과 관계없는 노인상담사 자살예방강사 자격증을 땄다. 그래도 마음 한 구석엔 대학이란 두 글자가 항상 괴롭히고, 고등학교 졸업장을 따고 대학에 가려고 검정고시를 3번 낙방했다. 그래도 미련이 남아 인터넷을 검색하다 방송통신고등학교가 있는 줄 알았다.

늦었지만 목표를 위해 더 열심히 해야겠다. 난 얼마든지 할 수 있다 생각하며 입학식이 끝난 후 교실로 들어가 책상에 앉았다.

부반장이 되고 집으로 오는 발걸음 난 정말 행복했다. 하늘을 날 것만 같은 나만의 희열, 방끗방끗 웃으며 집으로 왔다. 절대 지지자인 짝꿍이 내게 힘을 주는 말을 했다. "당신은 할 수 있다" 격려를 해줘 너무 고맙고 감사하다.

공부를 할 수 있게 시를 쓸 수 있게 꿈을 향해 나아갈 수 있게 사랑을 아낌없이 주신 모든 분들께 세번째 시집을 내며 감사의 인사를 드린다.

2012년 8월 린다 김군자

■차례■

묶음 1
이제는 아끼지 말아요

묶음 2

나 아직은 여자이고 싶다

묶음 3

행복 만들기

묶음 4

듣고 싶은 말

묶음 1
이제는
아끼지 말아요

보고 싶은 마음

그리움이 무엇인지?
안 보면 보고 싶데
막상 만나면 덤덤하고
멀리 있어 못 보면
그리움만 가득 쌓이고
보고 싶은 마음뿐인 것을

며칠 소식 없으면
가슴이 짠~~해 오는 것이
왠지 그립다 못해 가슴이 저려오니
애꿎은 컴퓨터와 밤을 새우며
소식을 전하려는 내 모습
그립고 보고 싶은 것은
사랑하기 때문이란 걸

감사하렵니다

아침에 눈을 뜨면
나에게 주워진 하루가 있음을
좋은 음식 화려한 밥상이 아니라도
한 끼 식사를 손수 만들어
남편과 같이 할 수 있음을
감사하렵니다

누군가 나를 싫어하고
경우에 맞지 않게 행동할지라도
그 사람으로 인하여
나 자신을 되돌아 볼 수 있음을
감사하렵니다

살다보면 알게 될 것을

살다보면 알게 될 것을
사람들은 미리 알려고 애를 쓴다
그러다보면 순수함을 잃은 채
마음만 사악해진다

살아가면서 후회하고
그땐 내가 잘못했노라고
깨달음도 있겠지만
너무 지나치게 생각하면
나만 아는 사람이 되지요

더러 모르고 더러 용서하며
더러는 알면서도 그냥 넘어가야
많은 사랑이 이어지는 것을

찻잔

나 오늘 그대를
행복의 찻잔에 담아보렵니다

사랑이라는 이름으로
영원하기를 소망하며
행복이라는 찻잔 속
우리의 행복을

나 오늘 그대를
행복의 찻잔에 담아보렵니다

이제는 아끼지 말아요

그대 이제는 아끼지 말아요
사랑한다는 말 한마디
아끼지 말고 해줘요
난 그대에게 듣고 싶은
말이랍니다

격려해주는 말
날 언제나 위로하는 말
내가 힘들어할 때 용기를 심어주는 말
사랑을 아낌없이 표현한 말

그대가 내게 한 말 한마디가
행복해지기도 하고
눈물을 흘리며 불행을 안고
떠날 수도 있답니다

그대에 말 한마디는
행복한 가정 아름다운 세상
모든 이에 힘이 되고
그대와 난 행복이 된답니다
사랑합니다

행복을 주는 사람

잠깐 스쳐가는 인연이라도
가슴 한켠에 남아있는 사람
생각하는 게 같고
가는 길이 같은 사람
보지 않아도 보고 싶고
기다려지는 사람
그 사람이 바로
당신이었으면 합니다

첫 사랑의 그리움

가슴 속 그리움은 지울 수 없어
꽃잎이 눈송이같이 내릴 때면
보고픈 그리움이 가슴속으로 밀려옵니다
보슬비에 온몸이 젖어가듯
황혼들녘 붉게 물든 하늘처럼
흠뻑 젖어 가슴속으로 밀려옵니다

보고 싶고 그리워만 해도
첫 사랑의 그리움은
사랑의 열병으로 온몸을 휘감습니다
흘러간 추억으로 돌려도 보지만
황혼에도 첫사랑은 가슴에서
지울 수 없는 아름다운 추억으로 새록새록
가슴속 깊은 곳에 바다가 되어
영원히 남습니다

친구

당신이 힘들고 또 힘들어
왜 자신이 존재하는지 묻고 싶다면
당신에게 말할 것이 있습니다

당신 옆에는 사랑하는 가족이 있고
늘 당신이 잘 되기만을 기도하는
부모님이 있답니다
당신은 생각하는 힘이 있고
많지는 않을지라도
아름다운 추억이 있습니다

위로받을 수 있는 친구가 있고
즐겨 들을 수 있는 노래가 있고
문득 그리움을 남기는 누군가가 있고
오래전 친구들이 있습니다
당신을 바쁘게 하는 일이 있고
휴식을 줄 밤이 있습니다

무엇보다도 당신에게는
가슴 설레는 행복이 있고
미래가 있습니다

봄의 소리

얼음 밑 녹이며 흐르는 물소리

두터운 얼음을 녹이고
개구리가 눈을 뜨네
여기저기 사랑노래 부르며
아들손자 모두모여
개골개골 경사났네

개골개골 목청 돋구네

봄의 행복

뒷산 언덕에 올라 냉이 한 바가지 캐고
쌀뜨물 복복 받아 된장 고추장 풀어 냉잇국 끓이고
돌미나리 한줌 뜯어 살큼 데쳐 새콤 달콤 무치고
토종닭 한 마리 잡아 치킨 아도보 만들고
하얀 쌀 서리태 검정콩 듬뿍 넣은 따끈한 밥에
바글바글 지진 쌈장으로
짝꿍과 마주앉아 서로의 건강 빌어가며
맛있게 먹은 저녁 식사 너무도 행복합니다

날마다 밀물이기를

밀물 같이 밀려왔다
썰물 같이 빠져나간 자리는

할일들 가득해 몸은 피곤해도
밀물로 인해 잠시라도
행복했습니다

힘들어도 내 마음 속은
날마다 밀물로 남겠습니다

그대 그리움

허기진 황새 한 마리
허기져 앉은 벌판엔
하얀 눈이 깊게 쌓여
그리움을 묻어둔 곳
목을 빼고 찾아봐도
간 곳이 없습니다

은빛 찬란한 들판에
목놓아 그리움을 불러봐도
메아리만 돌아옵니다
깃털 흔들며 바람을 일으키는
황새 한 마리
멀리서 들려오는 밤기차는
소리만 두고 떠나갑니다

노을이 되렵니다

내 인생에 어김없이 노을이 찾아든다면
미소로 품을 수 있는 사람이 되렵니다
마지막 노을을 사랑하렵니다

타들어가는 석양의 꼬리를 잡고
마지막 인생길을 넉넉하게 관조할 수 있는
여유로운 이별의 노래를 불러보렵니다

마지막 가는 길 마저도
향기롭게 맞이할 수 있는 사람
그렇게 두 눈을 감을 수 있는 사람이 되렵니다

마지막 순간까지 회한의 눈물이 아닌
끈끈한 삶의 눈시울을 붉힐 수 있는
그런 사람으로 기억되길 갈망합니다

돌뿌리에 채이고 옷깃을 적시는 여정일지라도
저문 노을빛 바다로 미소띤 행복을 보낼 수 있다면
어떤 고통도 기쁨으로 맞으렵니다

진정 노을빛과 한 덩어리로
조화롭게 뒤섞일 수 있는
그런 사람으로 거듭나길 소망합니다

떠오르는 태양도 아름답지만
황혼의 석양은 눈을 뜰 수 없이 아름답습니다
정말 사랑이 넘칠 수 있는 삶이면 좋겠습니다

식어가는 가슴을 녹일 수 있는 열정
질펀한 눈물이 아닌 뜨거운 사랑
나만의 행복한 웃음으로 살고 싶습니다

생각할수록

책장의 많은 책도
읽지 않으면 소용이 없듯이
내 안에 그리움 꺼내보지 않으면
소용이 없습니다.
생각할수록 더 그리운 게
사랑인가 봅니다

입 속에 담긴 말

내 입속에 말은
사랑합니다

하루에도 몇 번씩
똑같은 말을 되뇌어 봅니다

사랑합니다

안부를 묻습니다

그리운 사람들에게 안부를 묻고 산다는 것
얼마나 큰 행복인지 모르겠습니다
내게 안부를 물어오는 사람이 있다는 게
얼마나 큰 행복인지 모르겠습니다

복잡한 사람 속에 묻혀 살면서
사랑이 목마르고 그리움이 가득한 내게
누군가 나의 안부를 물어주고
건강을 챙겨준다면 얼마나 행복한가요

사람에게는 사랑만이
유일한 희망이라는 걸 생각하며 산다는 건
또 얼마나 어려운 일인지
나는 오늘도 사랑하는 사람들의 안부를 묻습니다

이 땅의 모든 사랑하는 사람들이여
오늘 하루도 행복하고 건강하게
열심히 잘 살고 있는지

고통

아픈 고통이 없었다면
아직도 난 이웃의 고통을 몰랐을 것입니다
당신의 아픔도 몰랐을 것입니다

당신을 사랑하면서 받았던 고통이 없었으면
오늘의 행복도 없었을 것입니다
당신을 사랑하면서 받았던 슬픔이 없었던들
사랑과 용서도 몰랐을 것입니다

알고보니 그 고통이 나에게는
행복이었습니다

그게 사랑인 것을

잊고 살면 당신을
영영 잊을 줄 알았습니다
눈에서 멀어지고
마음을 닫아버리면
잊혀질 줄 알았습니다

눈가에 맺힌 눈물보다 진한 것
그리움이었습니다
그게 진정 뜨거운 사랑이었습니다

예쁜 집

초사리 갱티 고갯길 예쁜 집
작은 마당엔 내가 좋아하는
야생화 유실수 모두 심고
내가 키운 들나물 산나물 뽑아
들나물샐러드 산나물샐러드 만들고
내가 담근 잘 익은 된장 푹 퍼다
뚝배기에 바글바글 끓여놓고
따끈따끈한 가마솥 밥 지어
친구들과 웃음꽃 활짝 피워야겠다

맛집

친구와 찾아가는
수덕사 중앙식당 주인 마나님
사람 좋고 맛 좋아 미리 예약해야
편히 앉아 먹을 수가 있는 곳
활짝 웃는 모습으로 손님맞이는
"보고 싶었습니다"

정겨운 그 한마디에 20년이 넘도록
그 집을 찾는가 보다

석쇠에 더덕구이는 일품이고
곁들여 먹는 막걸리 한잔은
친구와 대화를 더욱 부드럽게 해주고
식사 도중에도 몇번 부족한 것을 챙기며
마치 내 혈육이 온 것같이 먹여 보내려는
진정 손님들을 사랑하는 곳

늘 챙겨줘 고맙다는 이 말 한마디를
꼭 하고 싶었습니다

민들레

이른 봄부터
언 땅을 뚫고 나와
노란 얼굴로
나를 기쁘게 해준 너
노란 네 얼굴 보며
행복해하기 보다
혈압에 좋다고
너를 먹고 건강해지려는
우리 인간들의 잔인한 모습
정말 미안하구나

연꽃 사랑

연꽃이 필 때면
신정호에는 많은 연인들이 모여
활짝 피어나는 연꽃과 함께
사랑을 싹티웁니다

지금은 사는 게 힘들고 어렵더라도
진흙탕 속에서도 우아하고
아름답게 피어나는 연꽃같이
우아하고 멋있게 살아보자고
몇 번이고 다짐합니다

수정같이 맑은 물방울
또르르 굴려서 밑으로 떨어뜨리고
개구리들의 운동장을 만들지요
신정호 연인들은

농촌 풍경

여기저기서 들려오는
고춧대 꽂는 소리
하늘에선 종달새가 짝을 찾아
예쁜 목소리로 울어대고
물이 찬 논에서 들려오는
개구리들의 합창소리
마당 한켠 의자에 앉아
커피를 마시노라면
이렇게 아름다운 자연을
같이 보고 싶은 친구들이
눈에 아른 거린다

묶음 2

나 아직은 여자이고 싶다

영원히

언제부터인가 형체도 알 수 없는 무엇이
내 가슴에 파도처럼 밀려옵니다
태풍처럼 거세게 휘몰아치며 가슴을 적십니다

바람 불고 비가 오는 날엔 내 방패가 되어 주던 당신
사랑할 수밖에 없는 당신을 어찌 잊을 수 있나요
밤낮없이 당신 생각으로 마음 한쪽이 시리고
그리움으로 애태우고 있습니다

사랑하는 당신이 뜨거운 가슴으로
얼어붙은 내 마음까지 녹여주는
당신이었기에 사랑의 늪으로 빠져듭니다
어쩌면 좋을까요?

당신은 내게 언제나 흔들리지 않는 후원자랍니다
지치고 힘든 삶에 활력이 되고
외롭지 말라고 늘 곁에서 응원을 아끼지 않는 당신
사랑합니다 영원히 당신을 영원히

살아있기에

아침 이슬 볼 수 있고
붉게 물든 저녁놀을 볼 수 있어
노래하는 꿈도 있어
사랑을 베풀 수 있어
행복하고

봄 여름 가을 겨울
아름다운 세상 볼 수 있어
기쁨도 슬픔도 맛볼 수 있어
더불어 인생을 즐길 수 있어

누군가 그리워
보고픔에 가슴 아리는 슬픔도 사랑
모두 다 내가 살아있기에
오늘도 누리고 있는
행복인 것을

하나

빌딩 사이로
황혼이 질무렵이면
그리워지는
사람 하나 있지요

한 걸음에 달려가서
안아주고 싶은 사람 있지요

하지만 그 사람을 위해
참아야지요

가을에 같이 있고 싶은 사람

활짝 웃는 얼굴로 다가와
나를 행복하게 해 줄 사람
공원 벤치에 앉아 가는 세월에
변해가는 모습을 보며 안타까워
나를 위로해 줄 사람

반짝이는 밤하늘에 별을 보며
젊은 날에 아름다웠던
추억을 이야기해 줄 사람
풀벌레 소리를 음악으로 듣는 정서
영혼이 맑은 사람

이 가을에 같이 있고 싶은 사람이
당신이었으면 합니다

사랑의 말

고맙습니다
미안합니다
수고하셨습니다
괜찮습니다
용서합니다
행복합니다
사랑합니다

하루에 몇 번을 반복해도
행복해지는 말입니다

몰랐습니다

돌아설 때야 알았습니다
보고 싶고 그리워 가슴 저미니
이별인가 봅니다

내 마음 속엔
언제나 당신 미소가 늘 자리하고 있어
당신이 영원한 내 사랑인 걸
이젠 압니다

사랑할 땐
사랑인줄 몰랐습니다
어머니

내 고향 다랑구지고개

황해도 재령 나무리 다랑구지고개
재령명신중학교 운동장이 보이는 언덕
내 손 꼭 잡고 올라
삼대 독자 오빠 학교를 내려다보시며
행복해 하시던 우리 할머니

날마다 봄이면 아카시아 꽃
흐드러지게 피어있는 언덕길을 올라
멀리 운동장에서 나무총을 갖고
훈련하는 오빠의 모습을 보려
잘 보이지도 않는 학생들 모두
내 손자인양 바라보시며
환한 웃음으로 행복해 하시던 할머니

할머니, 제가 고사리같은 손으로
할머니 허리춤에서 이를 잡아주던
막내 손녀딸이랍니다
할머니가 되어 있는 제가 대견하시죠?
할머니 사랑하는 내 할머니
지금도 할머니 말만 해도 코끝이 찡해지니
어찌한단 말인가요

어려서는 어려서 몰라
나이 들고서는 자기 살림 챙기느라 모르고
그때에 할머니 나이가 된 내가
지금에 알면 무엇하나요

오빠가 훈련 받는 운동장을 내려다보는
할머니 품 아카시아 꽃향기 감싸안고
행복한 잠을 청하곤했지요
지금도 그때만 되면
아니 어디서건 아카시아 꽃향에
내 고향 황해도 다랑구지고개가
그리워집니다

땅거미가 내리는 저녁

오늘은 하루 종일 공부하느라
얼마나 많은 진땀을 흘렸을까?
저녁은 무얼 얼마나 배불리 먹었을까?
그리도 좋아하는 김치는 맛있게 먹었을까?
왜 이렇게 걱정을 많이 하는지

나 없어도 잘 굴러가고
잘 먹고 잘 지내련만
온통 내 머리 속은 그리움
오늘도 네 곁으로 달려간다

가을

가을바람이 꽃향기를 타고 가슴으로 스며듭니다
어느새 또 한여름에 끝자락 인연이었나봅니다
오늘처럼 가을향기가 코끝을 스치면
그리움과 이별의 아픔으로 다가옵니다

가을은 얄밉게도 꼬박꼬박 찾아와
이런 나는 어디론가 떠나고 싶어진다
아무도 없는 나만의 공간 속으로
어린아이 숨박꼭질하듯 숨어버리고 싶다

가을엔 혼자 있고 싶어 떠나고 싶어진다
창 넓은 찻집에 앉아 밝게 웃으면서도
가슴속 가득 그리움에 젖어보고 싶다
나는 이 계절이 미치도록 그립고 좋다

술 없이도 계절에 취하고 꽃향기에 취해
슬픈 영화를 안 봐도 볼을 눈물로 적시기에 충분하다
올가을은 아름다운 사랑이 내 가슴속에 파고들어
사랑에 흠뻑 빠질 수 있게 가을을 맞아야 겠다

마음을 열면 행복이 옵니다

행운은 행복을 만들고
불행은 불행을 낳지요
행과 불행은 마음먹기 달렸습니다
아침에 일어나 "오늘은 행복하고 좋은 날"
큰소리로 외쳐보세요
좋은 아침이 좋은 하루를 만듭니다
거울 속 나에게 활짝 웃어주세요
거울 속의 나도 활짝 웃게 되니까요

가슴을 펴고 당당히 걸어보세요
발걸음이 한결 가볍답니다
마음에 사랑을 심으세요
주변이 모두 사랑스럽게 보인답니다
그것이 자라서 행운의 꽃을 피우니까요
세상을 향해 축복하세요
세상도 나를 축복해 주니까요

밝은 얼굴을 가지세요
얼굴 밝은 사람에게 밝은 행운이 따라옵니다
힘들면 푸른 하늘을 보세요
눈부신 태양이 나를 응원한답니다

끊임없이 자신을 갈고 닦으세요
남을 존중하면 나도 존경을 받는답니다
끊임없이 베풀어야 합니다
샘물은 퍼낼수록 맑아지고 새 물이 고인답니다

어떤 일이든 당당하게 하세요
꿈을 잃지 마세요
행운을 만드는 청사진이랍니다
말로 상처를 입히지 마세요
칼로 입은 상처는 아물고 회복되지만
말로 입은 상처는 평생을 간답니다

자신을 먼저 사랑해주세요
나를 사랑해야 남도 나를 사랑할 수 있습니다
마음을 활짝 여세요
마음을 열면 행운이 들어온답니다
매일 마음의 청소도 함께 해보세요
마음이 깨끗하면 어둠이 깃들지 못하지요

원망 대신 칭찬을 해보세요
모든 일에 감사하는 마음은 나를 더욱 행복하게 합니다
감사하면, 감사할 일이 자꾸만 생겨난답니다
욕을 먹어도 화내지 마세요
그가 한 욕은 반드시 그에게로 돌아간답니다
잠을 잘 때는 꼭, 좋은 기억만 떠올리세요
아무리 힘들어도 좌절하지 마시고

긍정적이고 활기차게 하루를 시작하면
행복은 내게로 꼭 온답니다
열정을 다하여 사는 사람은 성공합니다

웃는 얼굴

웃음이 많고 얼굴이 환한 사람은
누구에게나 사랑받습니다
유머가 풍부한 사람은
하루 종일 같이 있어도
지루하지 않습니다

모든 사람에게 항상 기분 좋게
시원한 대화를 한다면
그 사람은 꼭 성공할 것입니다
누구에게든 사랑받고
많은 사람들이 찾아줄 것입니다

모두 가져간 사람

문득문득 생각나는 사람

때만 되면 밥은 거르지 않았나
그 사람 생각만 하면 가슴이 저리고
비라도 오는 날이면 비에 젖지는 않았는지
눈길에 미끄러지지는 않았는지

며칠만 연락이 없어도
혹여 무슨 일이 있나 어디라도 아프지 않나
전화 목소리만 처져도 어디 아픈 데는 없는지
늘 걱정되는 사람

멋지게 유머로 나를 웃겨주지는 못해도
믿음직한 사람
잠이 들 때나 잊을 수가 있는
그런 당신을 꿈에서도 그려봅니다

당신을 사랑합니다

9월이 오면

높고 푸른 파란 하늘
목화송이같이 부풀어 오르는 하얀 뭉게구름
코스모스 꽃잎에 살짝 내려앉아
사랑을 속사여주는
빨간 고추잠자리들의 향연

구월이 오면
그날 그때의 꿈들이
코스모스보다 더 아름답고 청결하게
너와 나의 진한 사랑으로 피워지리라
꿈을 잃지 않은 사랑하는 이여!

사랑이란 걸

뒤돌아보지 않고 떠나 봤지만
발이 멈추는 곳은 처음 그 자리
끝없는 둥근 세상 미움도 사랑인 것을
돌이킬 수 없습니다
얼마나 미워해야 잊을 수가 있나요
다람쥐 쳇바퀴 돌듯 그 자리에서
헤매고 미워해 본들 그게 사랑이란 걸

이제야 알게 됩니다

소중한 사람

당신이 소중하고 아름다운 것은
착하고 순수한 사랑이 있기 때문입니다

당신을 보면 행복해지는 것은
맑은 향기가 있기 때문입니다

당신이 있어 행복한 것은
변함없는 사랑을 주기 때문입니다

당신이 나를 쳐다보는 눈빛이
사랑이 넘쳐나기 때문입니다

사랑은 파도를 타고

사랑이 온다
하얗게 밀려오는
파도를 타고
가슴 활짝 열고
사랑의 신호를 손짓하며
내게로 온다

만남

당신이 내게 베풀어 준 고마움을
가슴속에서 지울 수가 없었습니다
당신을 예서 만날 줄이야
어두워 얼굴도 못 익혔었는데
당신이 먼저 알아보고 반겨주셔서 고마웠습니다
힘든 것 마다하지 않고 땀을 뻘뻘 흘리면서도
오로지 마음속에서 우러나 도우려는
그 모습이 사랑이었습니다
그리고 행복해하시던 모습이 눈에 선합니다
늘 운전하시는데 조심 또 조심하시고
남을 도우며 그 속에서 행복을 찾으시는 당신
존경하고 사랑합니다

나 아직은 여자이고 싶다

장미보다 꿀을 품은 호박꽃이 되련다

아직은 멋진 로맨스그래이를 볼 적이면
내 가슴은 쿵쾅거린다
세월이 지났어도 마음 속 나이는
언제나 소녀처럼 발랄하고
곱게 물든 낙엽을 보면 머리에 꽂는다

붉게 지는 석양을 바라보면
누군가 그리워지고
길가 코스모스가 지나는 차에 흔들리며
손짓하는 것만 봐도 뛰어가고 싶고
그리움에 눈시울이 젖어드는
여리고 예쁜 여자인 것을
작은 기쁨에 깔깔대고
슬픈 드라마를 보면 코끝이 찡해지는
예쁜 할머니

아직 나는 사랑받는 여자이고 싶다

사랑의 커피

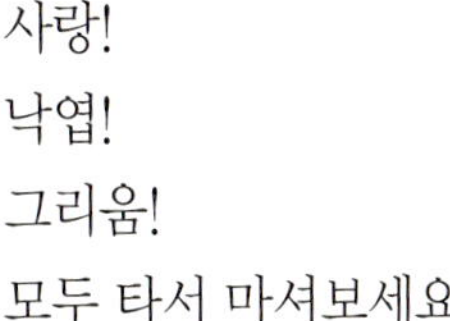

사랑!
낙엽!
그리움!
모두 타서 마셔보세요

올가을은
죽도록 사랑하고
그리워하렵니다
죽도록

조금만 그리워하렵니다

이제는 그대를 조금만 그리워하렵니다
많이 그리워하면 가슴이 아파오고
슬픔만 쌓여 이젠 조금만

그렇지만 그대 사랑하는 마음
가슴 깊이 간직해 변함은 없답니다
다만 내 마음에 병이 생길까
조금만 그리워하며 조금씩 쌓인 만큼
그대 사랑도 내 가슴에 간직해 두려합니다

그러면 내 사랑 그대도
언제나 날 사랑하는 만큼 한결같은 마음으로
먼 훗날 날 잊지 않겠지요

그리움

당신을 향한 그리움이
커피향처럼 모락모락 피어오릅니다

활짝 열어논 창문으로 봄향기가
내 마음을 엽니다

당신을 향한 그리움이 꽃망울이 터지듯
가슴으로 밀려옵니다

당신을 향한 나의 그리움은
하얗게 쏟아지는 꽃잎처럼 쌓여갑니다

봄이 다 가기 전에 당신을 보고 싶습니다
당신도 꽃향기에 내 생각을 하고 있는지요

사랑을 드립니다

꽃이 필 때는 소리없이 피어납니다
보이는 이로 하여금 마음을 기쁘게 합니다
새는 고운 목소리로 울어대도
눈물이 없이 곱게 울며
사람들을 행복하게 합니다

사랑은 태워도 태워도
소방차가 오지않습니다
장미가 예뻐 꺾으려 했더니
날카로운 가시로 마구 찔러댑니다
친구가 좋아서 사랑을 하면
쉽게 이별이 옵니다
좋은 세상 태어났어도
백년도 못가 죽음이 옵니다

내가 가진 것 없고 배운 것 없어도
당신께 드릴 수 있는 건 오직 하나
사랑, 사랑뿐이랍니다.

소중한 당신

내게 소중한 게 당신이라면
하늘엔 소중한 게 해님인줄 압니다
당신이 소중한 것은 내가 되겠습니다
난 당신을 만날 때보다 지금
당신이 더욱 소중합니다
언제나 가슴 한편에 자리하고 있는

당신이 밤하늘에 별이 되어
내게로 쏟아져 내려옵니다
봄비가 그친 밤하늘을 한번 쳐다보세요
동쪽에 제일 크고 빛 나는 별
그 별이 당신 별 맞죠?
내가 이 세상에서 제일 사랑하는
사람은 당신입니다

당신이 나만 영원히 사랑한다면
여름엔 시원한 나무 그늘이 되고
겨울엔 따듯한 가슴이 되어
당신을 영원히 사랑하겠습니다
늘 그립고 보고 싶어 만나는 사람이
당신이었으면 합니다

행복차

님에게 보내는 차 한잔엔
쓰디쓴 커피 대신
나의 사랑과 뜨거운 입맞춤을
듬뿍 넣겠습니다
보고픔에 까맣게 타버린
애타는 그리움도 함께 넣겠습니다
부드러운 프림 대신
맑은 이슬 한 방울 떨어트려
행복잔에 담아 사랑으로 휘휘 저어
님에게 드리겠습니다
나의 뜨거운 입맞춤과
애타는 그리움과 보고픔
가슴속 시린 마음으로 만든
이 한 잔의 행복차
내가 굳이 사랑한다 말하지 않아도
님에게 드리는 고백이란 걸
당신은 아실테니까요

묶음 3

행복 만들기

바니를 보내고

너도 한 생명인 걸
내 잘못으로 너를 보내니
가슴이 아파온다

따듯해진다고 열심히 마당에
집을 만들어 내보냈더니
넌 그게 싫었나 보다
철망을 들추고 가출해서 애간장을 태우고
겨우 찾았더니 왠지 우울하게 가만히 있기에
집을 나가 너 나름대로 고생을 했나보다 하고
그냥 진순이와 같이 있게 했지
자고 나면 나아지겠지 했는데
잠결에 너의 비명을 듣고
일어나 보니 너는 어디가 아픈지
밥까지 엎어버리고 몸부림을 치고 있으니
어쩌면 좋으니

날이 밝으면 병원으로 가려고
기다리건만 너는 벌써 내 품에서 축 늘어지고
집 나간 것을 용서해 달라는 듯 보였다
너를 부둥켜안고 날이 밝기를 기다리는
내 마음도 모르고 이리도 무정하게 가는구나
너를 안고 용서는 벌써 했으니 살아만 달라고
온몸을 만져주며 애타했건만 기어이
너는 내 품에서 하늘나라로 가는구나
내 앞에서 너의 마지막 생을 다하는
모습을 지켜보려니 찢어지게 아파오는구나

너는 아마도 천사의 날개를 달고
다음 생은 자유로운 곳에서 다시 태어나
정말 행복한 생을 다했으면 한다
바니야 난 널 정말 사랑했단다

선물

“사랑합니다”

잠자리에 들기 전에
이 말을 곱게 포장했습니다

꿈속에서 만나면
그대에게 꼭 전해드리렵니다

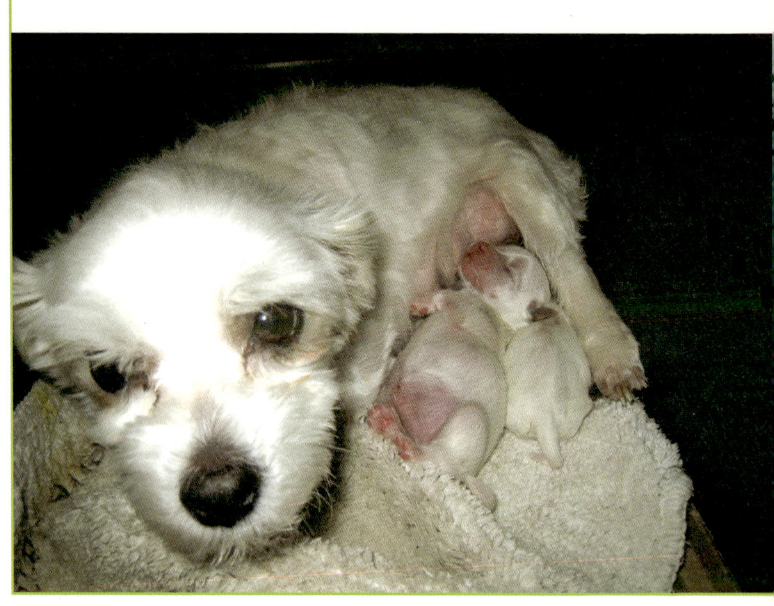

마법

사랑이란
눈을 감아도 보이고
눈을 떠도 보이고
마음이 부리는
마법입니다

동반자

세상 살아가는데
내가 꼭 필요해 불러주는 사람이
당신이었으면 합니다
힘들고 지칠 때 따듯한 손 내밀어
꼭 잡아 주는 사람이 당신이었으면 합니다
아파 괴로워할 때 따듯한 손
내 이마에 대주며 위로해 주는 사람이
당신이었으면 좋겠습니다

음악이 흐르는 좋은 카페가 아니라도
자판기커피를 공원벤치에 앉아
스스럼없이 마시며
많은 이야기를 할 수 있는 사람이
당신이었으면 좋겠습니다
내 속 모두 털어놓고 이야기해도
흉보는 게 아니라 따듯한 말로
날 위로해주는 사람이
당신이길 바라겠습니다

내가 당신 곁을 떠나는 그날까지
따뜻한 눈길을 보내주고
믿어주는 단 한 사람이
당신이었으면 좋겠습니다
당신은 영원히 내곁을 지켜주고
세상 끝나는 그날까지 날 사랑하리라
믿고 싶습니다

사랑합니다

많은 사람들이 너무나 남용해서 쓰고 있는 말
사랑한다는 말
강아지도 사랑하고 고양이도 사랑하고
너무 흔한 말이 되었습니다
그래서 진짜로 내가 누군가를 사랑한다는 확신이 있을 때
그 마음을 어쩌다 표현하고 싶을 때는
사랑한다는 말보다 더 강력하고 아름다운 말이 없는지
그것부터 고민하게 됩니다

살면서 많은 사람들한테서 사랑한다는 말을
귀가 아프도록 들어봤습니다
그 사람에게 사랑한다고 말로 아무리 해 봐야
별 감정도 없을 테고
흔히 쓰는 그런 말보다 상대를 가려서
드물게 쓰여야지만 진정 빛을 발하는 말
생각해 봤습니다

그래도 고맙다는 말이나
미안하다는 말이나 또는 칭찬 감성적인 표현을 많이 해도
사랑한다는 말을 남용하지는 않고 살아왔습니다
마지막 순간을 위해 아끼고 아끼고 또 아끼다가 결국
그 사람 앞에서 진정 사랑했노란 말을 끝끝내 못하고
기회조차 날려버린 적도 셀 수 없이 많았습니다
가버린 세월 앞에서도 사랑하는 마음 가슴속에 가득 안고
이렇게 무심한 듯 컴퓨터만 밤새워 들여다봅니다

지식 능력 그 무엇도 가진 게 없는 난
늘 미안합니다 이런 나에게 아무것도 바라지 않고
아낌없이 주기만하는 당신께 늘 고맙습니다
그런 당신을 세상 그 누구보다 영원히 사랑합니다

필리핀에서 린다

당신이 좋습니다

모임 때 가끔 보는 얼굴이지만
자판기에 커피 한 잔을 들고서라도
당신과 마시는 커피는 일류 커피전문점이 아니라도
정으로 이어진 당신이 있어 참 행복합니다
종이컵을 들고 나를 바라보는 당신의 그윽한 눈빛 속에는
사랑이 가득 담겨 있어 너무 좋습니다
환한 웃음을 동반한 이야기를 할 수 있어
내 앞에 있는 당신이 참 좋습니다
당신과 마주보며 사랑을 듬뿍 느끼고
내 아픔과 고통을 당신의 고통인양 어루만져 주고
따듯한 위로의 말로 내게
마음속 소망을 가질 수 있게 해주는
당신이기에 참 행복합니다

영영 당신을 못 본다 해도 꿈속에서라도
당신을 그리워하다 한 줌의 흙이 되어도
난 당신의 사랑으로 행복합니다
당신과 나 부부라는 인연이 아니더라도
영원토록 기억할 수 있는 당신이기 때문에
영원히 사랑합니다

사랑

사랑을 줄 수 있는
친구가 있다는 것은 행복한 일입니다
배낭여행도 부담없이 같이 다닐 수 있는 사람
나를 돌이켜보면 내가 사랑하는 사람이 몇이나 될까
얼마나 사랑을 주며 주변을 돌아봤을까
내 식구들 챙기고 가르치느라 정신없는 삶을 살다 보니
사랑을 주며 가까이 했던 사람 몇이나 있을까
온 힘을 정성을 다해 오직 식구들 위해
앞도 옆도 돌아볼 수 없이 살다 보니
내 인생 훌쩍 지나 노인으로 변해있으니
이제부터라도 아픈 상처가 많은 사람들을 위해
남은 사랑 모두 쏟아주고 싶다
사랑은 상처를 치유하기도 하지만
아픔도 치유할 수 있는 게 사랑인 것을
누구나 사랑 때문에 목숨 거는 사람도 있을 것이다
사랑은 진심이 있어야 되고 사랑만 주고
진심이 없을 땐 포장된 상자처럼
아무 의미가 없다

행복 만들기

아침에 눈을 뜨고
파란 하늘을 쳐다볼 수가 있는 게
축복이며 감사할 일이라고 생각합니다
건강함이 일을 할 수 있고 몸은 고단하지만
고민과 걱정이 들어올 틈은 없습니다
고민과 걱정은 게으르고 나태할 때 찾아옵니다
어떤 일에 몰두하여 먹는 것조차 잃어버리고
일을 하는 사람은 지극히 행복한 사람입니다
그러므로 우리는 쓸데없는 생각에 빠지지 말아야 하며
몸을 멍하니 놔둬서는 안 됩니다
몸을 놀리지 않고 언제나 바쁘게 살면 이것이야말로
이 세상에 있는 모든 약 중에서 가장 값싸며
가장 효험이 있는 것입니다

걱정은 게으르고 나태한 사람에게만
찾아오니 행복해지려면 오늘도 열심히 노력을 하여
걱정이 없고 평안과 행복만 있는
하루를 만들어 보세요

사랑이 그리운 날엔

꽃처럼 사람들도 각자 향기가 있지

같이 있기만 해도 그냥 편한 사람
만나기만 해도 고향을 그리는 사람
마냥 주고 싶은 사람
내 모든 것을 다 주고도 또 주고 싶은 사람
항상 밝고 너그러운 웃음이 있는 사람

옆에만 있어도 사랑의 향내가 나는 사람
보기만 해도 사랑을 느낄 수 있는 사람
말 한마디에 하루의 피로가 풀릴 수 있는 사람
멀리 떨어져 있어도 항상 같이 있다고 느껴지는 사람
살다 보면 문득문득 그리워지는 사람

사람 냄새가 그리운 날
세상살이 서러운 날에 그냥 보고 싶은 사람
산골 언덕에 소박하게 웃어주는 구절초 같은 사람
향내 짙은 들국화 향 같은 사람

그 사람이 당신이었으면 합니다

행복한 날

하루하루 우리가 맞아야 할 날들은
아침이 와야 알게 됩니다
눈을 뜬 아침이 얼마나 행복하고 감사한지
밤사이 편하게 잠자고 밝은 아침에
기쁜 마음으로 하루를 시작하면
온종일 행복한 일만 생긴답니다
사랑이 가득한 마음이 저절로 생깁니다

좋아하는 꽃

세상에서
내가 제일 좋아하는 꽃은
내 가슴속에 지지 않고
활짝 피어있는 그대

당신입니다

꿈속의 사랑

깊어가는 가을밤 별을 보며
당신도 지금쯤 내 생각 하고 있겠지요
꿈속에서라도 당신을 보고 싶어
매일 밤 꿈을 청해도 헛꿈만 꾸니
마음이 아파옵니다

겨울이 오기 전에 당신을 만나
사랑 고백을 듣고 싶습니다
영원히 나만 사랑하겠노라고
내게 들려줄 수 있나요

당신 나만 사랑하는거 맞지요
거짓이라도 나만 사랑하겠노라고 말해주세요
그럼 영원히 당신을 만나는 꿈을 꾸며
행복하게 사랑을 나누는 꿈을 꾸며
조용히 눈을 감겠습니다

행복

이런 말만하며 살아가고 싶습니다

존경합니다, 잘하셨습니다, 사랑합니다, 고맙습니다, 당신은 아름답습니다, 사랑해보고 싶은 당신 기다리겠습니다, 당신을 믿습니다, 당신은 꼭 성공할 것입니다

작은 말 한마디가 사람과 사람 사이에 사랑을 움트게 합니다 아름다운 마음에 문을 열어 꽃이 피어날 거로 생각합니다

사랑과 존경은 세상을 더욱 아름답게 가꾸어 갈 것입니다
세상이 아름다우면 사람들도 아름다울 것이고
행복해지겠지요

보고 싶었습니다

반가웠습니다
헤어짐이 있기에 만남도 있고
가슴 한켠에 남아있는 그리움 우리랍니다

우린 생각이 같고 길이 같아
늘 마음속으로 그리웠했다 만나도 시간이 없어
제대로 인사도 없이 헤어져야 하는 삶이라
내려오면서도 내내 우리 님들을
가슴에 안고 왔습니다

우리 님들 다시 만나는 그날까지
행복하시고 사랑합니다
고마웠습니다

마지막 잎새

신정호 주변 길 잃은 낙엽들이 쌓여만 갑니다
호수의 갈대숲은 겨울바람에 몸을 지탱 못하고
은빛 수염 날리며 가는 세월 아쉬워 이별을 손짓합니다
몇 잎 남은 잎새들은 턱걸이를 하듯
안 떨어지려고 대롱대롱 매달린 채
차가운 바람을 견디며 소리죽여 울고 있습니다
마지막 가을를 보내야 하는 내 마음
그리움만 쌓입니다

보내야 할 사랑

초겨울 눈발이 겨울바람에 희끗 희끗 내리는 아침
노을를 삼키는 저녁 스산하게 내 몸을 감싸안습니다
가야할 시간이 되었노라고
먼길 떠나기 전 따듯한 내 가슴에서 따듯하게
온기를 담아 가려고 몸부림칩니다

네가 안으려하면 매몰차게 옷깃을 여몄는지
풀어헤친 가슴으로 따듯하게 해서 보내줄 것을
한해가 저물어 가는 것을 보며 가슴속에
쌓였던 수많은 이야기 슬픔만 네게 줘서 미안해
힘들지만 모두 싣고 가서 우주에 모두 내려놓고

내게로 다시 올 땐 언 몸 녹일 수 있는
따듯한 사랑을 듬뿍 부탁할게

하얀 세상

사랑의 종소리를 들을 때면
내 손길을 기다리는 그 사람
몹시 보고 싶어집니다

하늘에서 솜털같은 하얀 눈이
옆도 앞도 안보이게 마구 쏟아집니다
발목까지 푹푹 빠지는 눈
밟으며 걸어봅니다

세상이 온통 하얗게 변했습니다
이대로 영원해도 좋겠습니다
사랑의 종소리가 들려옵니다

당신 생각

당신이 그리울 땐 눈을 꼭 감아요
그러면 내 곁에서 당신의 숨소리가 들려옵니다

당신이 보고 싶을 땐 가만히 손을 내밀어 봐요
그러면 당신이 내 손을 꼭 잡아준답니다

아무리 먼 곳에 있어도 당신을 생각하는 마음뿐이고
나와 당신을 이어주는 사랑뿐이랍니다

아름다운 신정호

눈 쌓인 신정호 발을 뗄 때마다
뽀드득 뽀드득 기분 좋은 소리

눈이 시리도록 하얀 신정호
얼음 속 물고기들은 봄을 기다리겠지

오색 등불이 하얀색과 어우러져
마치 무대 조명인양 아름다운 신정호

은은히 흘러나오는 노래를 잊을 수 없는 밤
손잡고 속삭이며 걷는 연인들

황혼의 사랑

젊은 날의 사랑도 아름답지만
황혼까지 아름다운 사랑이라면 좋겠습니다
아침에 떠오르는 태양의 빛깔도
소리치고 싶도록 멋이 있지만
서쪽 하늘로 마지막 정열을 모두 태워버리는
아름다운 황혼을 보신 적 있나요
황혼의 사랑이 젊었을 때 사랑보다
더 진하다는 것을 꼭 느끼고 싶습니다
마지막 숨을 몰아쉬기까지 하나가 되어
끝까지 동행하는 사람이 당신이었으면 합니다

한해 보내며

어두워진 거리엔 자선냄비에
딸랑딸랑 사랑의 종소리가 들려옵니다
보내는 해에 후회를 실어 보냅니다
절망도 같이 보냅니다

우리의 마음속은 늘 감사함으로 가득차게 하옵소서 사랑하는 사람들에게 용기와 희망에 찬 감사의 마음을 기도하게 하옵소서 욕심을 채우려 발버둥치던 시간을 반성하며 잘못을 알게 하시고 아직 늦지 않았음을 기억하게 하옵소서 눈을 뜨면 감사하게 하옵시고 별들이 빛나고 있는 것을 보며 고운 마음 밝은 눈을 갖게 하여 이웃의 아픔을 내 아픔같이 동참하게 하옵소서 맑은 눈을 가지고 새해에 세운 계획을 헛되게 보내지 않게 하시고 우리 모두에게 다시 일어설 수 있는 힘을 주옵소서 우리 모두 가슴속 소망 원하는 대로 이룰 수 있게 하옵소서

추위에 저마다 빠른 걸음으로
한해를 보내는 마음 왜 그리 분주한지
금년은 너무 힘들어 기억조차 하기 싫었던 일들
모두 산타할아버지 수레에 실어 날려보내고
돌아오는 새해에는 웃음과 행복만
가득 실어 왔으면 합니다

호수

그대 보내고 난 뒤
아무 일 없었던 것처럼
덤덤하게 지내기가 힘들었습니다

남들이 보기에는
잔잔한 호수처럼 보였어도
호수에 담긴 물이
사랑이고 그리움인 줄은
아무도 모릅니다

묶음 4

듣고 싶은 말

옛길에서

낮에 왔다가
그대 걷던 발자국소리 듣고 싶어
다시 왔습니다
밤에

바스락 바스락
가랑잎 밟는 그대 발자국소리
내 가슴속 깊은 곳에 있는
발자국 소린가 봅니다
그대

라일락 향기

라일락 향기를
늘 맡을 수 있으면
좋겠습니다

그대 곁에
라일락 한 그루를 심어 두고
그대 생각 날 때마다
향기가 묻어오게
하렵니다

노을

나는 지금도
내 가슴 태우던
노을을 기억합니다

그대 마음에서 전염병같이
내게로 옮겨 와
타들어 가던 노을
보고 있습니다

그대 그리움에

그립다 보면

그대를 생각하다 보면
모든 게 그대 얼굴입니다

눈을 감아도 눈을 떠도
사방 둘러봐도
그대 얼굴뿐입니다

그대를 그리워하다 보면
신기하게도 가슴속 가득
그대 얼굴로 가득
채워집니다

삶

가끔 내가 선택을 잘했구나, 잘못했구나
그래도 이 삶이 최고였지 생각해 봅니다

벼랑에 다다랐을 때
내 삶을 마감하고 싶을 때
그럼 안되지 머리를 저어보며
내 인생은 그래도 이것으로 행복하지
나보다 못한 사람 너무 많으므로
난 그래도 봉사랍시고 발바닥이 아플 정도로
나를 기다리는 곳을 찾아다니며 일을 할 수 있지
이것도 너무 감사하고 고맙지

아무튼 세상과 이별할 때는
그래도 난 많은 사랑 주고 받고
행복한 삶을 잘 살다 가노라고 해야겠습니다
우리네 삶은 정답은 없는가봅니다
얼마나 성실하게 살았느냐가 중요한 것 같습니다
요즘 백살이든 구십이든 오래만 살면 뭣하나요
내 육신을 움직이려 들지 않고
난 못해란 삶으로 마감한다면

난 할 수 있어로 살아가야 겠습니다
그 삶이 아주 작은 것이라도
베푸는 삶이라면 후회 없을 것을

슬픈 영화

세상에서
가장 슬픈 영화는
그대를 만나다 깨는
꿈

내 안에

항아리처럼 생긴 내 안에
산이 있고 들이 있고 바다가 있고
이들을 다 담고도 남는
그대 그리움 있습니다

거울을 보며

얼마나
보고 싶었으면
거울 속에 내가 그대였으면
생각했습니다

행복

그리워 생각해 보니
수많은 사연들이 가슴을 적시고
모든 것이 부족하기만 하고
벌써 젊음을 지나 칠십 넷
친구들을 하나씩 잃어가고
혼자있어 외로운 시간보다
여럿이 함께해 행복한 시간들이
그리워지는 나

잊지 못하고 찾아드는
지난 추억들은 추억일 뿐
가슴 저려 아프면서도
지난 인연들이 아름답게만 보입니다
그 인연들을 감사하고
삶의 의미를 기쁘게 찾으려 합니다

그래도 아직 나는 나를 사랑하기에
인생을 멈출 수가 없습니다
비록 수면 위에 비쳐지는 내 모습이 초라할지라도
뒤틀린 모습 다시 잡아가며
다가오는 인생길을 벗들과 함께 걸으며
행복을 주는 천사가 되고 싶습니다

난 오늘도 예쁜 꽃씨를 받아
나의 꽃밭에 뿌리려 합니다

사랑하는 이유

당신을 좋아합니다
그것은 당신이 나를 사랑해주니까
보잘 것 없는 나를 많이 사랑해주니까
코끝이 찡~해 오도록
당신을 사랑하는 마음이 가득해집니다
수많은 사람들 속에서
알아주고 아껴주고 걱정해주니
늘~ 고맙고 사랑하는 마음 가득해지나 봅니다

난 당신한테 해준 것이 아무것도 없어도
당신은 날 가슴속에 고이 담아놓고
해바라기 같이 나만 생각해주니
당신을 사랑할 수밖에 없습니다
오늘도 내 가슴속에
행복이란 두 글자를 새겨준
당신이 고맙습니다
세상 나보다 행복한 사람 또 어디 있을까요

사랑하면 행복한 줄 알았습니다

사랑하면 행복한 줄만 알았습니다
사랑이 깊어질수록 고통도
따르는 것을 미처 몰랐습니다
가슴속 깊이 차가운 거센 바람이
들어올 줄은 몰랐습니다
사랑하면 모든 게
아름다울 것으로만 생각했습니다
슬픔과 아픔은 같이한다는 것을
이제야 알았습니다

비길 (사 비)
bi-gil (Sabi)

듣고 싶은 말

지금도 그대를 기다리는 이유는
한순간만이라도 그대 목소리
듣고 싶어서입니다

나도 사랑해
이 말 한마디면 더욱
행복하겠습니다

황새 한 마리

논 가운데 황새 한 마리
허기져 길게 뺀 목으로
이리저리 논바닥을 뒤져 보건만
입으로 들어가는 것은 하나도 없네

농약에 찌들어
우렁 참게 물고기 아무것도 없건만
그래도 행여 올챙이라도 건질세라 뒤져 보는
황새 한 마리

그 농약에 찌든 논에서 자란 쌀
그 것을 먹는 우리들
어쩌면 좋을까

창문을 두드리는 달님

낮에 일이 하도 힘들어
초저녁 깜박 잠이든 내게
달님은 환한 웃음으로 나를 깨워준다

잠잘 시간 없으니 깨어서 공부하란다
창문을 열어 젖혀놓고
풀벌레 소리 들어가며
덤으로 시원한 바람까지
기분을 상쾌하게 만든다

산다는 것

아침에 눈을 뜨면
영인에 있는 "JPC 요양원"으로 습관처럼 달려간다
동료들이 먼저 와서 목욕도 시키고
각자 맡은 일에 열심히 봉사를 하고 있다
난 식사 도움과 기저귀를 갈고
말벗을 하며 생각을 했다

자손이 없는 할머니
자손이 5남매나 있어도
늙은 부모 하나 건사 못하고 있는 것을 보니
마음이 아팠다
하기사 집에서 제대로 못 돌볼 바에는
깨끗한 요양원이 백번 좋다는 생각도 든다
신고려장이라고 한단다
젊은 층에서는 의래 집에서 돌보지 못하고
기저귀도 더러워 못 갈아드릴 바에는
차라리 또래들이 있는 요양원이 나을지도 모르겠다

생의 마지막을 쉬어가는 곳
그곳에서 마음속 그리움만 가득 안은 채
주면 먹고 배설하고 잠이 오면 자고
그러다 하나님이 부르시면
그대로 눈도 못 감고
하늘나라로 가시면
누군가가 그리워 못 감은 눈을 감겨주겠지

고령화사회를 살아가며
누군가 내 도움이 필요하면
언제든 즐거운 마음으로
기저귀를 갈아주련다

시원해

요양보호사 교육을 마치고
재가시설로 실습을 나갑니다

내 담당은 94세 할머니
작은 방에 요도 안 깔고 기저귀만 채운 채
미지근한 방바닥에 얇은 이불 하나
덮고 있습니다
뼈만 앙상하니 너무 불쌍합니다
보통은 물휴지로 닦는다고 하는데
나는 들어가자마자 따듯한 물로
손 얼굴 말끔하게 씻겨드립니다
정신이 없는 할머니인 줄 알았는데
나를 보고 "시원해"라고 합니다
가슴에서 뜨거운 설움이 복받쳐
내 양 볼로 흘러내리는 눈물을
어쩔 수가 없습니다

그런데 더 서러운 것은 아들이 하는 말이
"우리 엄마 언제쯤 죽을 것 같아요"
그것도 큰소리로 물어 오니
가슴이 미어졌습니다

비록 누워서 아파해도 정신은 멀쩡한 엄만데
아들이 옆에서 그런 이야기를 하면
할머니는 알 수 없는 소리로 화를 냅니다

아들을 내보내고 많은 것을 생각합니다
'이게 삶의 끝인가'
할머니한테 주는 식사
많이 먹으면 많이 싸니까
조금만 주라고 하니 어쩌면 좋을지

5일이지나 요양원으로 갔습니다
그래도 요양원은 삼시 따듯하게 밥이 나오고
요양보호 실습생들이 돌아가며
정성껏 돌보고 간호를 하고 있어
재가보다는 조금은 나은 것 같아도
"집에서 케어를 못해 이곳으로 보내놓고는
한 번 찾지도 않고 돌아가셔서 연락을 하면
전화도 안 받아 뒤처리를 요양원에서 하곤 한다"는
원장님 말을 듣고 나니
'삶이 무엇인가, 사는 게 무엇일까'
생각이 내내 이어지며 실습을 마칩니다

자화상

나의 인생길은 어렵고 힘들어
부딛혀 넘어지면 누가 볼새라
벌떡 일어나 아무 일도 없었던 것 같이
툭툭 털고 앞만 보며 반듯하게
두주먹 불끈 쥐고 걷고
또 걸었습니다

넘어지고 못 일어나고
주저앉아 울고만 있는 사람들
넘어지는 것이 부끄러운 일은 아닙니다
누구나 한번쯤은 넘어지기 마련이지요
넘어지면 벌떡 일어나서 뛰어가는 사람이 있고
계속 주저앉아서 울기도 합니다

강물은 흐르다 장애물을 만나도
언제나 다시 제 갈 길을 찾아갑니다
바위를 만나면 한번 부서졌다가도
다시 돌고 돌아서 아무 일 없었던 것 같이
길이 없으면 때로는 없는 길을
만들면서 나아갑니다

우리네 인생길도 가다가 길이 막히면
돌아 돌아 내 길을 찾아
걷고 걸으면 됩니다

하면 된다

살다보면 누구나 한번쯤은
예상하지 않은 어려움과 고난으로
실망과 좌절을 경험하게 됩니다
그러나 문제가 있기 때문에
우리는 발전을 합니다

지금 감당하기 어려운 일에 부딛혀 있다면
그 어려움이 나에게 온 발전의 기회
축복이라고 생각하면
마음이 한결 편안해질 것입니다
어려움 속에서 지혜를 얻지 못하고
불평불만만 하다 보면
이 세상에 와서 내가 남겨 놓고 가는 것이
아무것도 없습니다

사람을 제일 힘들게 만드는 것은
공포와 두려움과 절망입니다
그러니 아무리 어렵더라도 두려움이나
절망감에 자신을 빠트리지 마세요
그것은 바로 죽음 속에
자기 자신을 버리는 것이니

어려울 때 필요한 것은
용기와 뜨거운 가슴입니다
그리고 사랑입니다
난 할 수 있다
하면 된다라는 신념으로
목표를 향해 나아가는
사람만이 성공할 수 있습니다

꿈이 이루어지는 나라

아름다운 꿈을 꾸면 이루어집니다
온 국민 하나되어 꿈을 꾸고 소망한다면
그 꿈이 꼭 이루어져
잘사는 나라 부강한 나라가 될 것입니다

내 조국이 바라는
깨끗하고 정직한 지도자는 누구인가요
살기 좋은 나라 행복한 나라
노인들이 대우받고
젊은이들이 제자리에서 일을 하며
살맛나는 나라
빈부 차가 없이 모두가 잘사는 나라
서로 돕고 사는 나라를 만들 이는
당신밖에 없습니다

오직 나라 위해 깨끗한 마음으로
옥토로 만들어 우리 모두 잘사는 나라
만들 이는 오직 당신뿐입니다
우리가 뒤에서 당신을 응원하겠습니다
온 국민이 잘 살 수 있는 무궁화동산을 만들 이는
당신뿐입니다

살기 좋은 우리나라

가마솥에 푹 쪄서
포실포실 하얀 분가루가 나오는 감자
멍석 펴고 쑥 말린 모깃불 피워놓고
찐 감자 한 바가지 꺼내다
졸졸 실개천 흐르는 물소리
음악 삼아 호호 불며
어린 손자들과 먹던 감자
그래 바로 살기 좋은
우리나라지

2학년 2반

고등학교 입학하던 날 2011년 3월
입학식장에서 장학금을 받으며
코끝이 찡해왔다

집이 어려워 진학을 못하고
철모르는 나이에 지금 남편을 만나
부모가 된다는 준비도 없이
아들 사 형제를 낳았다
형제들을 돌보느라 꿈도 없이 살아온 세월
자식들은 모두 내 품을 떠났다
이제 내 마음속에 침잠해있던 꿈들
기지개를 켜고 하나둘 살아나
시인으로 등단을 하고 시집도 두 번을 냈다
하지만 마음속은 왠지 개운치가 않았다
학벌란이 나오면 가슴이 답답해져
언젠가는 꼭 대학을 가겠다고 결심을 한 게
한두 번이 아니었다
학벌주의 속에서 너무나 한심했다
고등학교 간판도 없는 인생 아닌가

그동안 학벌과 관계없는
노인상담사 자살예방강사 자격증을 땄다
그래도 마음 한 구석엔
대학이란 두 글자가 항상 괴롭히고
고등학교 졸업장을 따고 대학에 가려고
검정고시를 세 번 낙방했다
그래도 미련이 남아 인터넷을 검색하다
방송통신고등학교가 있는 줄 알았다
조심스럽게 전화로 선생님과 상담을 했다
얼마든지 입학할 수 있다고 하는 말에
천안 중앙고등학교 부설 방송통신고등학교에 입학했다

늦었지만 목표를 위해 더 열심히 해야겠다
난 얼마든지 할 수 있다 생각하며
입학식이 끝난 후 교실로 들어가 책상에 앉았다
반 임원 선출을 하는데
선생님이 반장을 해달라고 하시는 것을
부반장으로 결정을 하고 집으로 오는 발걸음
난 정말 행복했다
하늘을 날 것만 같은 나만의 희열
방끗방끗 웃으며 집으로 왔다
절대 지지자인 짝꿍이 내게 힘을 주는 말을 했다

"당신은 할 수 있다"
격려를 해줘 너무 고맙고 감사하다

컴퓨터로 하는 공부라
한달에 2회만 학교로 나가면 된다
학교 가는 날은 8시간 꼬박 공부를 해야 했다
배울 땐 그럴듯하게 아는 것 같다가도
돌아서면 까맣게 잊어버리니 걱정이 태산이다
그래도 열심히 학교생활을 하고
사이버학습을 모두 하다 보니
어느덧 2학년이 되었다

2학년엔 반장이 되고
홍보 차장이 되어 학교 행사 때마다
사진을 찍어 학교 카페에 올리곤 한다

학교 가는 전날은 꼬박 밤을 새고
제일 먼저 가곤 한다
창문을 열고 부지런히 책상 정리를 하고
치우다보면 학생들이 하나 둘 모이기 시작하고
선생님이 아침조회를 시작한다

하루 8시간 공부를 하다보면
엎드려 자거나 아예 화장실 간다고 나가서는
끝나는 종이 울리면 들어왔다
다음 시간에 또 나가기를 반복하는 사람들도 많다
지금은 좀 힘들어도 열심히 공부하자고
타일러도 보지만 소용이 없다

그러나 공부가 필요해서 온 나이든 학생들은
제자리에서 꼼짝 안하고 공부를 하고
점심을 싸와 둘러앉아 먹으며
고등학교 졸업장이 필요했던 이야기로
점심시간을 보내며
열심히 해서 대학은 꼭 들어가자는 다짐도 해본다
남은 시간 더욱 열심히 해서
고등학교 졸업은 물론
대학에 입학하는 꿈을 꿔봐야겠다

꿈은 이루어진다
오늘 밤도 야무진 꿈을 꿔야겠다

민들레 꽃처럼 생명을 노래하는 시인

이창년 시인

김군자 시인의 작품을 통독하고 나서 김군자 시인의 밝은 표정과 미소를 떠올리며 예쁘고 성실하게 살아온 세월이 귀한 열매를 맺게 하였구나 생각되었다. 그것은 비단 작품에서만 아니고 인생이란 큰 틀에서 조명되는 시인의 맑은 영혼의 노래라고 느꼈다.

시인의 삶의 도정에서 스스로 체험한 진리와 그로하여 체득한 값진 지혜는 작품에 스며들어 주옥같은 명시를 낳을 수 있었음을 확인했다.

그의 작품에 혈관처럼 따뜻하게 흐르고 있는 생명의 숨소리와 고통을 감내하는 통증보다 고통에서 피어나는 작은 기쁨을 아름다운 꽃으로 치환시키는 큰 가슴과 지혜와 인내심을 보았다. 그것은 어떻게 하면 사람이 아름답게 살아갈 수 있느냐하는 문제에 나름대로 해답을 준 것이라고 본다.

김군자 시인의 시세계를 들여다본다.

얼음 밑 녹이며 흐르는 물소리

두터운 얼음을 녹이고
개구리가 눈을 뜨네
여기저기 사랑노래 부르며
아들손자 모두모여
개골개골 경사났네

개골개골 목청 돋구네

– 「봄의 소리」 전문

소박한 개울가의 풍경을 본다. 그것이 봄의 소리다. "개구리가 눈을 뜨네"라고 신기한 듯 탄성을 지른다. "개골개골 노래 부른다"고 한다. 듣기에 따라 개골개골 운다고도 할 수 있다. 그러나 김군자 시인은 노래부른다고 한다. 경사났다고 환성이다. 노래와 울음은 엄청난 차이의 의미다. 그리고 끝행에서 "개골개골 목청 돋구네"로 짧은 동요같은 시를 깔끔하게 처리하고 있다.

시인의 개울가에서 한참동안 얼음 밑을 녹이며 흐르는 물소리를 들으며 즐거운 기분으로 물소리와 개구리 소리를 「봄의 소리」라고 시화하는데 성공했다.

시란 꼭 대단한 주제가 있어야 한다는 법이 없다. 김군자 신인은 지극히 작은 것 또는 하찮은 것처럼 보이는 이른 봄의 물소리와 개구리를 등장시켜 소박하고 따뜻한 감동을 주고 있다.

김군자 시인의 다음 작품을 감상한다.

이른 봄부터
언 땅을 뚫고 나와

노란 얼굴로
나를 기쁘게 해준 너
노란 네 얼굴 보며
행복해하기 보다
혈압에 좋다고
너를 먹고 건강해지려는
우리 인간들의 잔인한 모습
정말 미안하구나

－「민들레」 전문

추운 겨울을 보내고 만물이 소생하는 창조의 계절 봄, 봄은 김군자 시인에게도 간절하게 느끼게 했다. 노랗게 핀 민들레가 반가워 "나를 기쁘게 해준 너"라고 마치 귀여운 애기(?) 혹은 다정한 사람 하며 고마워한다. 그런데 인간의 이기심에 미안해한다.

여기서 김군자 시인이 아이같이 동심을 늘 품고 살고 있어서 어떤 환경이나 사물에도 그의 품성은 꽃잎처럼 보드랍고 예쁘게 수놓아지고 있음을 볼 수 있다.

60여 년 전에 일본 무사시노에서 발간하여 반입된 김도성 시인의 시집 『갈대』에서 「씨링스 갈대」란 시가 생각난다.

"－전략－ 철인은 너를 약한 인간에 비하고/ 시인은 너를 여자라 하였나니/ 소마 소마 숨 이어온 서른의 가을/ 오 너만이 지순한 나의 벗이오라"고 했듯이 김도성 시인은 갈대를 여자로 보고 지순한 벗으로 노래했다.

김군자 시인은 민들레꽃에 사랑과 연민이 교차하는 아픔으로 보고 있음이 얼마나 아름다우냐! 그리고 민들레 꽃의 끈질긴 생명력과 미소를 눈물겹게 사랑하고 있음이다.

"여기 고통이 없었다면" 행복을 몰랐다고 토설하는 아픔의 시 「고통」을 감상한다.

아픈 고통이 없었다면
아직도 난 이웃의 고통을 몰랐을 것입니다
당신의 아픔도 몰랐을 것입니다

당신을 사랑하면서 받았던 고통이 없었으면
오늘의 행복도 없었을 것입니다
당신을 사랑하면서 받았던 슬픔이 없었던들
사랑과 용서도 몰랐을 것입니다

알고보니 그 고통이 나에게는
행복이었습니다

– 「고통」 전문

김군자 시인 삶의 질곡에서 고통으로 신음했다. 그러나 본디 마음 착하고 고운 심성을 팽개치지 않았다.

"당신을 사랑하면서 받았던 고통이 없었으면/ 당신을 사랑하면서 받았던 슬픔이 없었던들"하며 진정코 사랑과 용서도 몰랐을 것이라고 솔직하게 토설하고 있다. 이 시의 끝 연에서 "알고 보니 그 고통이 나에게는/ 행복이었습니다"라고 스스로에게 고마워한다.

시인은 고통을 예쁘게 행복으로 치환시키고 있다. 고마움을 아는 사람은 아름다운 사람이며 삶을 행복하게 영위할 줄 알며, 김군자 시인도 그의 밝은 미소가 고통으로 하여 비롯되었음을 내색하고 있다.

다음 작품 「날마다 밀물이기를」 감상한다.

밀물 같이 밀려왔다
썰물 같이 빠져나간 자리는

할일들 가득해 몸은 피곤해도
밀물로 인해 잠시라도
행복했습니다

힘들어도 내 마음 속은
날마다 밀물로 남겠습니다

－「날마다 밀물이기를」 전문

김군자 시인은 원초적 고독과 갈증 때문에 밀물처럼 채워져 있어야 삶의 희열이 고여있듯이 적당한 포만감을 느낀다. 그것이 탐욕에 의한 것이 아닌 삶의 무게 만큼의 부피로 자족을 의미한다. 이 작품을 낳을 때는 사랑과 노동의 갈증 같은 것에 목말라했을 것이다.

허기진 황새 한 마리
허기져 앉은 벌판엔
하얀 눈이 깊게 쌓여
그리움을 묻어둔 곳
목을 빼고 찾아봐도
간 곳이 없습니다

은빛 찬란한 들판에
목놓아 그리움을 불러봐도
메아리만 돌아옵니다
깃털 흔들며 바람을 일으키는
황새 한 마리
멀리서 들려오는 밤기차는
소리만 두고 떠나갑니다

－「그대 그림움」 전문

아름다운 시다. 절절하고 쓸쓸하다. 한폭의 그림을 보고 있다. 그리고 외로운 황새의 목쉰 울음과 밤기차의 기적소리도 듣는다. 작품 「그대 그리움」은 잘 직조된 비단처럼 곱다 못해 맨 가슴으로 비비고 싶은 충동을 느낀다. 감성을 적절하게 통제하면서 담담한 시어로 노래하는 이 시는 절창이라고 하고 싶다.

시를 한마디로 정의하기란 어렵다. 그래서 나는 '인생이다' 라고 말하겠다. 시가 가지고 있는 예술적 향기와 기능은 인생과 같기 때문이다. 이 만화경 같은 세상에 얼마나 다양한 아름다움과 생명이 숨쉬고 있는가. 시인은 그것을 채굴하는 자랑스러운 사람이다.

초사리 갱티 고갯길 예쁜 집
작은 마당엔 내가 좋아하는
야생화 유실수 모두 심고
내가 키운 들나물 산나물 뽑아
들나물샐러드 산나물샐러드 만들고
내가 담근 잘 익은 된장 푹 퍼다
뚝배기에 바글바글 끓여놓고
따끈따끈한 가마솥 밥 지어
친구들과 웃음꽃 활짝 피워야겠다

– 「예쁜 집」 전문

초사리 갱티 고갯길은 김군자 시인이 눈 익혀온 그런 곳인듯 하다. 그 고갯길 근처에 그림같은 예쁜 집을 꿈꾸어온 것이다. 시인은 소녀같이 늘 꿈을 꾸며 살아왔고 그런 꿈들을 하나 하나 이루어가며 삶을 풍요롭게 꾸려가는 보람, 재미, 그것이 성취욕과 함께 행복감에 기쁨을 만끽한다.

김군자 시인이 꾸는 꿈은 소박하고 아기자기한 것들,

그리고 우리에게 밀착되어 다가서는 인정이 피어나는 곳이다. 큰 마당이 아니고 작은 마당에 야생화 유실수 심어서 아침저녁으로 피는 모습을 바라보며 스스로 담은 된장찌개나 국을 바글바글 끓여 가마솥 밥을 퍼서 친구들과 수다 떨며 웃음꽃을 활짝 피우고 싶단다.

전원 풍경이 눈에 그려진다. 이런 삶이 시인은 행복이라고 노래하고 있다. 진정 아름다운 꿈이다. 여기에 한 점의 티도 보이지 않는 예쁜 시인의 마음이 투영된다. 분명 김군자 시인은 예쁜 집 짓고 웃음꽃이 활짝 피는 꿈을 이룰 것이다.

김군자 시인의 영롱하게 빛나는 작품들 중에서 몇 편을 골라 감상하고 있다. 모두가 귀하고 반짝이는데 하는 아쉬움이 남는다. 시인은 시적 기교나 표현의 묘미보다 뜨거운 가슴이 먼저 다가와서 점액질의 친화력을 피워낸다. 그리고 식지 않는 사랑의 불꽃이 조심스레 활활 타고 있다. 김군자 시인은 특별하게 사랑의 에너지가 넘치고 있음은 그의 태생에서보다 후천적인 열정이 그렇게 숙성시킨 것 아닌가 생각된다.

잊고 살면 당신을
영영 잊을 줄 알았습니다
눈에서 멀어지고
마음을 닫아버리면
잊혀질 줄 알았습니다

눈가에 맺힌 눈물보다 진한 것
그리움이었습니다
그게 진정 뜨거운 사랑이었습니다

–「그게 사랑인 것을」 전문

김군자 시인은 사랑을 명료하게 정의하고 있다. "잊고 살면 잊을 줄 알았"다고 "마음을 닫아버리면 잊혀질줄 알았"다고. 그런데 그리워진다고 한다. 사랑이 그리움을 낳은 것일까. 사람은 누구나 사랑을 하기 마련이고 사랑하지 않고는 살 수 없는, 이미 질량을 측정할 수 없는 사랑을 가지고 태어나서 사랑하다가 어느 날 생을 마감하는 것이라 생각한다. 그 사랑의 대상이야 누구든 어떤 것이든 그것은 자신만이 가늠할 따름이다.

김군자 시인은 지금도 쉬지 않고 사랑의 풀무질을 계속하고 있다. 황혼을 예찬할 수 있음은 달관의 경지에서만이 가능하다고 생각한다. 그만큼 아름답다는 것이다.

돌아설 때야 알았습니다
보고 싶고 그리워 가슴 저미니
이별인가 봅니다

내 마음 속엔
언제나 당신 미소가 늘 자리하고 있어
당신이 영원한 내 사랑인 걸
이젠 압니다

사랑할 땐
사랑인줄 몰랐습니다
어머니

–「몰랐습니다」 전문

"보고 싶고 그리워 가슴 저미니/ (비로소) 이별인가"라고 김군자 시인은 만날 수 없고 볼 수 없어 텅빈 허공을 향해 고개를 든다. 누구나 한번은 겪어야 하고 그럴 수 밖에 없는 어머니와의 이별을 시인은 담담하게 말하고 있다.

"사랑할 땐 사랑인줄 몰랐다"고 마치 행복할 때는 미처 행복을 몰랐다고 하듯이. 왜 가슴이 저밀까 보고 싶고 그리워라고 말하지만 그 많은 세월의 회한이 밀물처럼 밀려오고, 그래서 어머니에 대한 간절한 사모의 정이 한 편의 시 「몰랐습니다」로 조용히 세상을 향해 오열한다.

김군자 시인의 인생도정에서 체험한 불행에 대하여 뜨겁게 고뇌한 흔적들이 간곡한 한편의 사랑시가 되었다.

작품 「마음을 열면 행복이옵니다」는 7연 45행으로 여기에 담기는 지면 관계로 시집에서 찾아 감상하시기 바란다. 이 시는 행복을 찾는 행복지침서(?)라기보다 김군자 시인이 터득한 행복을 함께 누리자는 권유서이다.

뒤돌아보지 않고 떠나 봤지만
발이 멈추는 곳은 처음 그 자리
끝없는 둥근 세상 미움도 사랑인 것을
돌이킬 수 없습니다
얼마나 미워해야 잊을 수가 있나요
다람쥐 쳇바퀴 돌듯 그 자리에서
헤매고 미워해 본들 그게 사랑이란 걸

이제야 알게 됩니다

— 「사랑이란 걸」 전문

사랑은 미움과 정비례한다고 한다. 과연 그런가. 김군자 시인의 사랑노래의 하나다. 사랑은 미움을 만든다는 말이 있다. 그것은 사랑의 욕심에서 비롯되는데, 그것이 미움으로 싹이트고 방황하고 서러워도 하며 자칫 잘못 사랑을 인식하게 되면 불행의 길로 들어서고 만다고 생각한다.

김군자 시인은 미움도 사랑이란걸 너무도 잘 알아 시로 승화시켜 세상에 내어놓은 것이다.

당신을 향한 그리움이
커피향처럼 모락모락 피어오릅니다

활짝 열어논 창문으로 봄향기가
내 마음을 엽니다

당신을 향한 그리움이 꽃망울이 터지듯
가슴으로 밀려옵니다

당신을 향한 나의 그리움은
하얗게 쏟아지는 꽃잎처럼 쌓여갑니다

봄이 다 가기 전에 당신을 보고 싶습니다
당신도 꽃향기에 내 생각을 하고 있는지요

–「그리움」 전문

김군자 시인의 「그리움」을 감상하며 '시인은 늙지 않는다' 라는 놀라움을 경험했다. 그리고 무릇 '사랑 또한 뜨거워 활화산처럼 마그마를 뿜어 올리는구나' 라고 생각된다.

다음 감상할 작품은 「나 아직은 여자이고 싶다」 이다.

장미보다 꿀을 품은 호박꽃이 되련다

아직은 멋진 로맨스그레이를 볼 적이면
내 가슴은 쿵쾅거린다
세월이 지났어도 마음 속 나이는
언제나 소녀처럼 발랄하고
곱게 물든 낙엽을 보면 머리에 꽂는다

붉게 지는 석양을 바라보면
누군가 그리워지고
길가 코스모스가 지나는 차에 흔들리며
손짓하는 것만 봐도 뛰어가고 싶고
그리움에 눈시울이 젖어드는
여리고 예쁜 여자인 것을
작은 기쁨에 깔깔대고
슬픈 드라마를 보면 코끝이 찡해지는
예쁜 할머니

아직 나는 사랑받는 여자이고 싶다
－「나 아직은 여자이고 싶다」 전문

위의 몇 작품에서 식을 줄 모르는 사랑의 열기가 생기를 느끼게 하고 있다. 시에 담겨있는 김군자 시인의 예쁜 마음을 활짝 핀 꽃나이가 무색할 만큼 싱싱한 반향을 감지할 수 있었다. 「나 아직은 여자이고 싶다」에서 "장미보다 꿀을 품은 호박꽃이 되련다", 끝행 "아직 나는 사랑 받는 여자이고 싶다"라고 호소한다.

생명은 무한한 축복이다. 그 생명의 활기는 사랑함으로 비롯한다.

당신이 그리울 땐 눈을 꼭 감아요
그러면 내 곁에서 당신의 숨소리가 들려옵니다

당신이 보고 싶을 땐 가만히 손을 내밀어 봐요
그러면 당신이 내 손을 꼭 잡아준답니다

아무리 먼 곳에 있어도 당신을 생각하는 마음뿐이고
나와 당신을 이어주는 사랑뿐이랍니다
－「당신 생각」 전문

우리가 살아가는 데는 희망이라는 지향하는 목표가 있다. 그것을 이루기 위하여 우리는 혼신의 힘을 다하여 부단히 노력한다. 사랑은 모든 삶의 중심에 있다.

김군자 시인의 생활이 윤기나는 것은 사랑이 두텁기 때문이다. 사랑은 그냥 한다면 되는 것이 아니란 것을 이 시는 말한다. 온 힘을 모아 사랑을 가꾸어야 한다. 마치 꽃을 가꾸듯 나무를 가꾸듯 대상에 대하여 세심하게 살피고 물을 준다던가 비료를 알맞게 주는 것에 정성을 다하여야 한다. 그리고 사랑의 꿈을 꾸어야 한다.

사랑은 위대한 환상이란 말이 잘 이해되는 부분이다. 사랑은 유리그릇과 같아 자칫 잘못 만지면 낭패를 본다. 김군자 시인의 「당신 생각」은 시인답게 인간에게 주어지 가장 귀한 꿈을 사랑의 마술에 도취하게 스스로 최면을 건다. 참으로 지혜로운 사랑법이라고 본다.

김군자 시인은 좋은 일 괴로운 일 우리가 일상에서 흔히 누릴 수 있는 조그마한 일에까지 당신과 함께 하고 싶다는 찬란한 희망이 사랑을 살찌우게 한다.

세상 살아가는데
내가 꼭 필요해 불러주는 사람이
당신이었으면 합니다
힘들고 지칠 때 따듯한 손 내밀어
꼭 잡아 주는 사람이 당신이었으면 합니다
아파 괴로워할 때 따듯한 손
내 이마에 대주며 위로해 주는 사람이
당신이었으면 좋겠습니다

음악이 흐르는 좋은 카페가 아니라도
자판기커피를 공원벤치에 앉아

스스럼없이 마시며
많은 이야기를 할 수 있는 사람이
당신이었으면 좋겠습니다
내 속 모두 털어놓고 이야기해도
흉보는 게 아니라 따듯한 말로
날 위로해주는 사람이
당신이길 바라겠습니다

내가 당신 곁을 떠나는 그날까지
따뜻한 눈길을 보내주고
믿어주는 단 한 사람이
당신이었으면 좋겠습니다
당신은 영원히 내곁을 지켜주고
세상 끝나는 그날까지 날 사랑하리라
믿고 싶습니다

— 「동반자」 전문

작품 「동반자」에서 서로의 신뢰가 없어서가 아니라, 사랑을 다짐하고 있다. 그 다짐은 사랑을 확인하는 뜻이 아니고 사랑의 점액질이며 사랑의 몸짓이며 눈빛이다.

'사랑은 어떤 것인가' 라는 물음에 선뜻 대답할 수 있는 김군자 시인은 행복한 시인이다.

지금까지 감상한 대체로의 작품에서 풍요로운 정서를 느꼈고 김군자 시인의 삶의 철학을 보았다. 고마움을 알고 살아가는 사람의 삶이 향기로움도 보았다. 그의 작품에서도 그의 일상을 보았다. 그의 시를 감상하면서 잠시 행복할 수 있는 삶의 지침서를 읽고 있다는 착각에 빠졌다. 그의 시는 사람이 추구하는 행복에 침잠하고 있으며 그 호흡은 쉬지 않는다.

모든 예술이 지향하는 바 아름다움이다.

우리는 그의 작품에서 아름다움을 발견하고 고마움을 느낄 것이다. 그의 작품은 단순한 감상에 그치지 않고 감성을 자극하면서 끊임없이 진리에 접근하려 노력하고 있다. 이것은 보람이며 빛이다.

토인비는 시가 삶의 빛이 될 수 있어야 한다고 말했다. 삶의 빛이란 시들지 않는 큰 희망이며 환희가 아닌가.

김군자 시인의 시세계는 늘 꽃이 피어 있는 들꽃의 넓은 들녘이다. 수더분하면서도 깔끔한 성품과 지혜가 스민 일상어를 향기 짙은 시어로 변모시켜 평범한 표현을 하지만 사실은 대단한 절지로 이루어진다는 것을 알 수 있다. 그것은 시인의 연치와 비례한다.

다시 말하지만 고통을 기쁨으로 치환시키는 마술적 삶의 묘미는 김군자 시인을 높이 살 충분한 값어치를 확인시키고 있다. 그리고 이 시집에 수록되어 있는 「내 고향 다랑구지고개」를 평설없이 다시 감상해야겠다. 먼- 먼 고향의 유년이 울고 있다.

황해도 재령 나무리 다랑구지고개
재령명신중학교 운동장이 보이는 언덕
내 손 꼭 잡고 올라
삼대 독자 오빠 학교를 내려다보시며
행복해 하시던 우리 할머니

날마다 봄이면 아카시아 꽃
흐드러지게 피어있는 언덕길을 올라
멀리 운동장에서 나무총을 갖고
훈련하는 오빠의 모습을 보려
잘 보이지도 않는 학생들 모두

내 손자인양 바라보시며
환한 웃음으로 행복해 하시던 할머니

할머니, 제가 고사리같은 손으로
할머니 허리춤에서 이를 잡아주던
막내 손녀딸이랍니다
할머니가 되어 있는 제가 대견하시죠?
할머니 사랑하는 내 할머니
지금도 할머니 말만 해도 코끝이 찡해지니
어찌한단 말인가요

어려서는 어려서 몰라
나이 들고서는 자기 살림 챙기느라 모르고
그때에 할머니 나이가 된 내가
지금에 알면 무엇하나요

오빠가 훈련 받는 운동장을 내려다보는
할머니 품 아카시아 꽃향기 감싸안고
행복한 잠을 청하곤했지요
지금도 그때만 되면
아니 어디서건 아카시아 꽃향에
내 고향 황해도 다랑구지고개가
그리워집니다

–「내 고향 다랑구지고개 」 전문

김군자 시인의 작품 「예쁜 집」 첫행이 "초사리 갱티 고갯길 예쁜 집"이 세월을 멀리하고도 다랑구지 고개에 대한 어쩔 수 없는 향수에서 비롯되었음에 독자는 서러움을 함께할 것이다.

멋진 김군자 시인의 시집이 상재되어 많은 사람에게 감동을 주고 공명할 것을 믿는다.

이 아름다운 시집은 너무 뜨거워 조심스럽다.

김군자 시인의 에스프리를 쓰면서 거친 나의 붓끝이 가벼운 상처나 내지 않았나 조심스럽다.

아름다운 시집 『나 아직은 여자이고 싶다』의 상재를 축하합니다.

2012년 8월

이 창 년

over a wall poetry 16

나 아직은 여자이고 싶다

2012년 8월 15일 초판 1쇄 인쇄
2012년 8월 25일 초판 1쇄 펴냄

지은이 · 사진 | 김군자
디자인 | 송동현

펴낸이 | 송계원
펴낸곳 | 도서출판 담장너머
등 록 | 2005년 1월 27일 제2-4102
주 소 | 100-273 서울시 중구 필동2가 84-10 105호
전 화 | 02-2268-7680
팩 스 | 02-2268-7681
이메일 | overawall@hanmail.net

ISBN 89-92392-26-6 03810
값 10,000원